Gscheid was los
im Wald der Grolle

Ulrich Rach

Gscheid was los im Wald der Grolle

Fröhlich-spannende Geschichten
von fränkischen Waldgeistern
für Kinder ab 4 Jahren

Mit Illustrationen von
Thomas Scheidl

wek-Verlag
Treuchtlingen – Berlin

Der Autor: Ulrich Rach, Jahrgang 1947, geboren in Hof, langjähriger leitender Redakteur bei den „Nürnberger Nachrichten", Träger des Publizistik-Preises der bayerischen Bezirke, des „Frankenwürfels" und des „Ehrenpreises fränkische Mundartmeisterschaft", Verfasser zahlreicher Bücher, unter anderem Kinder- und Franken-Literatur.

Illustrationen und Titelbild: Thomas Scheidl, Mitarbeiter mehrerer Zeitungen, zahlreiche Buchveröffentlichungen

Bibliografische Information Der Deutschen Bibliothek

Die Deutsche Bibliothek verzeichnet diese Publikation in der Deutschen Nationalbibliografie; detaillierte bibliografische Daten sind im Internet über http://dnb.ddb.de abrufbar.

© 2011 wek-Verlag Treuchtlingen–Berlin

Alle Rechte der Vervielfältigung und Verbreitung einschließlich Film, Funk und Fernsehen sowie der Fotokopie, der elektronischen Speicherung und der auszugsweisen Veröffentlichung vorbehalten.

Umschlaggestaltung und Druckvorstufe: wek-Verlag

Digital-Druck: SDL Berlin

Printed in Germany

ISBN 978-3-934145-83-2

Inhalt

Ein paar Wördla vorweg	6
Backstaakäs und flinke Beine	8
Wenn die Grolle grauslich grollen	15
Der Hase im Grase und die Männer mit den Sägen	24
Bösewichte zu Besuch	32
Versteckspiel mit Folgen	40
Das Drama im Käsetopf	46
Wenn es spukt im Städtchen	52
Ein schnarchender Held	58
Grollimo, die Grollitis und eine große Portion Glück	66
Eine schwere Beschuldigung bringt neue Freunde	75
Spuk in der Nacht und Bangerdn, die keine sind	84
Wenn ein Stofftier in der Schule einsagt	91
Fröhliche Weihnachten oder: Backstaakäs am Christbaum	96

Ein paar Wördla vorweg

Wer etwas über die Grolle erfahren möchte, sollte vorher deren Hymne kennengelernt haben, die so geht:

Ein Groll, ein Groll,
der treibt es meistens toll.
Tags bis in die Nacht hinein
munter, frech und lustig sein.
Den Menschen in die Stuben gucken,
von den höchsten Bäumen spucken.
Ein Groll, ein Groll
zu sein, ist wundervoll.
Ein Groll, ein Groll,
der treibt es meistens toll.
Backstaakäs mit Zwiebeln essen
und den Knoblauch nicht vergessen.
Rülpsen, pupsen auch bisweilen,
den Frechen eine Lehr' erteilen.
Ein Groll, ein Groll
zu sein, ist wundervoll.

Wer also diese Hymne gehört oder auch nur deren Text gelesen hat, der weiß schon viel über die Hauptdarsteller dieses Buchs, die fränkischen Waldgeister. Nur so viel soll an dieser Stelle noch verraten werden: Die Grolle, die netten Verwandten der garstigen Trolle, leben in den großen Wäldern Frankens. Die Geschichten, die wir erfahren, ereignen sich auf der Frankenhöhe zwischen Bad Windsheim und

Ansbach, besonders aber bei Burgbernheim, im großen Waldgebiet rund um das Wildbad. Und sie führen bis in den Reichswald bei Nürnberg.

Und die fantasievollen Erzählungen sind praxiserprobt. Das heißt: Sie wurden schon im Zustand des Entstehens vielfach Kindern vorgelesen. Dass die zuhörenden Mädchen und Buben oft herzlich gelacht, sich manchmal auch vor Spannung zusammengekauert oder voller Anteilnahme die Hände vor den Mund gehalten haben, zeigt, dass wirklich gscheid was los is beim Volk der Waldgeister. Lustiges, Spannendes, aber auch Lehrreiches. Ganz klar, dass fränkische Grolle und die Menschen, die ihnen begegnen, in ihren Dialogen einen fränkischen Zungenschlag pflegen, auch wenn die Erzählungen hochdeutsch geschrieben sind.

Fast ist es selbstverständlich, dass ein Buch über Grolle, die immer das Gute wollen, auch einem guten Zweck gewidmet ist: Der Autorenerlös fließt im vollen Umfang einem Sozialprojekt für Kinder, vor allem Aids-Waisen, in der ärmsten Gegend Kenias, im Raum Thika, zu.

Und nun viel Spaß beim Besuch im Wald der Grolle.

Ulrich Rach

Backstaakäs und flinke Beine

Was, du kennst die Grolle nicht? Die Grolle, das sind Verwandte der Trolle. Und die Trolle sind ziemlich grauslich aussehende Geister, die in den Wäldern Nordeuropas ihr Unwesen treiben. Sie erschrecken und ärgern Mensch und Tier.

Die Grolle leben bei uns in Franken vielerorts, wo große Wälder sind. Sie sehen nicht ganz so grauslich aus wie ihre Verwandten aus dem hohen Norden, die Trolle. Und sie sind nicht nur darauf bedacht, Mensch und Tier zu ärgern und zu erschrecken. Die Grolle sind sehr gerecht. Wenn sie sehen oder hören, dass jemand etwas Böses tut oder frech ist oder ein Tunichtgut, also wenn er zum Beispiel Dinge sinnlos zerstört, dann tun sie das, was ihr Namen verspricht: Sie grollen.

Oder sie ziehen die Betroffenen an den Ohren. Oder piksen sie in den Po. Oder zwicken sie in die Zehen. Also sie ärgern und erschrecken die Bösewichte. Wenn jemand aber nett ist, zu dem sind sie auch nett. In solchen Fällen helfen sie auch gerne. Aber fast immer unsichtbar.

Ach ja. Auch wenn die Grolle nicht so hässlich aussehen wie die Trolle, sind sie auch nicht gerade schön. Sie haben lange, krumme Nasen, breite Münder mit dicken Lippen und riesig

große Augen. Diese Augen haben eine ganz besondere Eigenschaft: Sie leuchten in der Dunkelheit wie kleine Lichter. Wenn ihr manchmal meint, im Finsteren Glühwürmchen zu sehen, dann können das durchaus auch die Augen von Grollen sein. Jedenfalls haben die Grolle auf diese Weise immer Licht und sehen auch im Dunkeln alles.

Die Grolle sind etwa so groß wie Eichhörnchen, können auch so schnell laufen und so gut klettern wie diese. Die Männer und Buben tragen rote Latzhosen und weiße T-Shirts und haben Turnschuhe an. Den Kopf bedecken sie mit großen Schlapphüten. Die Frauen und Mädchen sind mit Latzröcken bekleidet und sehen ansonsten genau so aus wie die männlichen Grolle. Noch nie hat ein Mensch die Haare von Grollen gesehen. Niemand weiß deshalb, ob sie überhaupt welche haben.

Es ist auch noch nie einem Menschen gelungen, eines Grolls habhaft zu werden. Versucht haben es schon viele Leute, einen Groll zu fangen. Aber die Grolle sind so behände, so schnell und schlau, dass sie sich nie fangen lassen. Und sie helfen einander, halten immer zusammen und streiten nie. Deshalb sind sie ganz, ganz stark.

Ach, man darf auch nicht vergessen: Grolle sind Feinschmecker ganz besonderer Art. Sie lieben alle Speisen, die recht stinken und scharf sind. Also Knoblauch zum Beispiel ist eine ihrer Lieblingsspeisen. Auch rohe Zwiebeln gehören dazu. Oder richtig alter Stinkerkäse, in Franken auch Backstaakäs genannt.

Dagegen hassen sie Pommes, Ketchup, Schnitzel, Wienerla, Eis und Schokolade. Wenn sie diese Worte nur hören, speien sie schon fast. Manchmal, wenn sie ganz arg Hunger haben, schleichen sie sich auch in die großen und kleinen Städte. Dort suchen sie nach Wirtshäusern, wo sie sich an Zwiebeln, Knoblauch und Backstaakäs bedienen. Manchmal tun sie es aber auch im Wildbad, dem Wirtshaus in ihrem Wald. Dort haben sich die Gastwirts-Leute schon oft gewundert, warum immer ihr „Handkäs mit Musik" verschwindet. Das ist auch ein Stinkerkäse mit Zwiebeln und Essig. Eines der absoluten Lieblingsgerichte der Grolle.

Hin und wieder sind sie wegen ihres Hungers unvorsichtig. Der eine oder andere Gast in einem Wirtshaus hat auch schon mal einen Groll gesehen. Natürlich nur für einen ganz kurzen Moment. Grolle sind ja schließlich total flink und merken auch, wenn sie von Menschen entdeckt werden.

So war das kürzlich auch in Burgbernheim, wo auf der Frankenhöhe rund um das Wildbad ein großer, großer typischer Grolle-Wald ist. Im Frühling riecht man die Grolle förmlich. Der ganze Wald duftet nach Knoblauch. Die Menschen sagen, das ist der Bärlauch, also eine Pflanze, die dort wächst und die stark nach Knoblauch riecht, vor allem, wenn sie im Frühjahr blüht. Aber in Wirklichkeit sind es die Grolle, die solche Düfte verströmen, weil sie immerfort so viel Knoblauch und Zwiebeln essen. Und sich natürlich auch am Bärlauch laben.

Um den Vorrat an Essen aufzufrischen, sind also kürzlich neun Grolle aus dem Wildbad-Wald in das Wirtshaus nach Burgbernheim geschlichen. Burgbernheim ist ein wunderhübsches Städtchen mit schönen Häusern und einer alten Kirche hoch oben auf dem Hang. Es gefällt den Grollen dort ebenso wie den Menschen. Und natürlich gibt es dort auch Wirtshäuser. In eines davon also haben sich unsere neun Grolle hineingeschlichen. Natürlich waren sie ganz, ganz vorsichtig, um ja nicht gesehen zu werden.

Mit dabei war auch Grollinchen, ein Grolle-Mädchen, das erstmals mit ins Städtchen und ins Wirtshaus durfte. Als Grollinchen aber die vielen, lauten Menschen sah, war die kleine Grollin total irritiert, hüpfte hin und her und quiekte leise.

Ihr Papa, Groll Rudolf, ermahnte Grollinchen mehrmals, sich immer gut zu verstecken. „Menschen senn fei gscheid gfährlich", sagte er. „Gib immer schee Obachd!" Aber als das Grol-

le-Kind trotzdem einmal neugierig hinter einem Stuhlbein hervorlugte, entdeckte ein Wirtshausgast, der Heiner, das Grolle-Mädchen. Er schrie erschreckt auf. Schließlich sind, wie erwähnt, Grolle ja nicht gerade schön. „A Groll, a Groll", rief er. „Underm Schdull is a Groll."

Seine Stammtischbrüder fingen an zu lachen. „Wie vill Bier hastn scho trunkn?", fragten sie ihn. „Sechs Seidla", antwortete der Heiner. Also sechs Gläser. „Na klar, dann siehtmer öfder amal Grolle", meinten die anderen. Der Heiner schwor aber, dass da wirklich ein kleines Grolle-Mädchen unter dem Stuhl hervorgelugt hatte. „Ja, ja, des bassd scho", meinten die anderen und hielten sich die Bäuche vor Lachen.

Wenn die Grolle grauslich grollen

Nur der Norbert und der Luggi lachten nicht mit. Sie hatten nämlich auch schon einmal einen Groll gesehen. Und waren genauso ausgelacht worden wie heute der Heiner. „Wissder was", erklärte verärgert der Norbert, „der Heiner, der Luggi und ich beweisen euch, dass es Grolle gibt. Miir gänga in den Wald und fangen einen." „Au ja, da gehmer mit", riefen daraufhin die anderen Gäste im Wirtshaus. „Miir gänga morgen Abend aaf Grolle-Jagd."

Natürlich hörten unsere neun Grolle dieses Gespräch. Sie bekamen fürchterlich Angst. Zwar war es, wie schon gesagt, noch nie einem Menschen gelungen, einen Groll zu kaschen. Doch wenn es jemals gelänge, einen Groll gefangen zu nehmen, hätte das furchtbare Folgen. Alle Grolle müssten aus den schönen fränkischen Wäldern verschwinden und sich woanders eine neue Heimat suchen – und zwar in Ober- oder Niederbayern, was ziemlich schlimm ist für fränkische Grolle. Dort lebt nämlich der bayerische Gnom, ein komischer Typ, der ein großes Mundwerk hat, ziemlich eingebildet ist, alles besser weiß und den fränkischen Groll ärgert und ausschmiert, wo immer er kann.

Und wenn ein Mensch einen Groll auch nur einmal kurz festhält, bekommt der festgehaltene Groll die Grollitis, selbst wenn er sich wieder losreißen kann. Das ist eine schlimme Grolle-Krankheit. Seine Augen können dann nicht mehr leuchten und seine Ohren werden lang und spitz. Außerdem schmecken ihm plötzlich Knoblauch, Backstaakäs, Zwiebeln und Bärlauch nicht mehr. Ihn gelüstet es vielmehr nach Pommes, Ketchup, Schnitzel, Würstchen, Eis und Schokolade. Und diese Krankheit hält 666 Tage und sechs Stunden lang an.

Allein der Gedanke an diese gefährliche Krankheit brachte an jenem Abend die Grolle in Burgbernheim in Panik. Sie schnappten sich in der Küche des Wirtshauses noch schnell drei Zwiebeln, zwei Knoblauch-Knollen und zwei Backstaakäs und rannten zurück in den Wald. Dort rief Obergroll Grulli Grollus sofort den Rat der Grolle zusammen. Er schilderte den anderen Grollen, von denen Tausende rund um das Wildbad leben, welche Gefahr ihnen drohe. Und sie beschlossen, das große Grollen vorzubereiten, um sich der Menschen zu erwehren und sie zu vertreiben.

Beim großen Grollen zeigt sich, wie es ist, wenn alle zusammenhelfen. Selbst wenn man klein ist wie ein Groll, kann man stärker sein als viel größere Gegner, wenn man sich gut verträgt, wenn einer dem anderen hilft, wenn man eben gemeinsame Sache macht.

Im Fall unserer Frankenhöhe-Grolle hieß das, dass sofort die Grolle-Frauen anfingen, Schnü-

re zu spinnen. Wozu, werden wir bald erfahren. Die Grolle-Männer hoben überall im Wald Löcher aus. Und die Grolle-Kinder deckten die Löcher mit Zweigen ab.

Dann kam der nächste Abend. Die Grolle-Jäger von Burgbernheim tranken oben im Wildbad, im schönen Gasthaus dort, noch ein paar Seidla Bier und aßen Schäufele und Bradwöschd. So gestärkt machten sie sich auf in den Wald. Manche hatten ihre Taschenlampen dabei. Der Heiner, der Norbert und der Luggi schleppten Schmetterlingsnetze, mit denen sie die Grolle fangen wollten. Die meisten anderen Männer nahmen die Grolle-Aktion allerdings nicht sehr ernst, weil sie nicht wirklich glaubten, dass es Grolle gibt. Sie lachten viel, sangen sogar und machten Witzla: „Ja wo sind denn edz unsere daabn Grolleputzis?" Oder sie riefen johlend:

„Grolle, Grolle gibt es nicht,
und wenn's ihn gibt, den dummen Wicht,
hier im Wald und anderswo,
zwicke ich ihm in den Po."

Ganz klar, dass sich die Grolle, die alles mit ansahen und anhörten, ob des Hohns total ärgerten. Das war dann auch für den Obergroll Anlass, den Befehl zum großen Grollen zu geben.

Das große Grollen beginnt damit, dass alle Grolle eines Waldes gleichzeitig ihre Augen zum Leuchten bringen. Das wirkt in der Dunkelheit wie grelle Blitze, wie bei einem schrecklichen Gewitter. Sodann fangen alle Grolle miteinander fürchterlich an zu pupsen. Wir wissen ja, dass sie viele Zwiebeln und viel Knoblauch essen und daher wahre Pupskünstler sind. Wenn alle Grolle gleichzeitig heftig und laut pupsen, dann klingt das wie lauter, Gefahr kündender Donner. Außerdem kommt ein ekliger Geruch auf, eine Mischung der Düfte von Odel, also Mist, von Schwefel und von uraltem Backstaakäs mit Zwiebeln. Jeder, der das riecht, muss fast speien.

Und so grollten die Grolle: Wieder Augenblitze, wieder Donner- und Stinkerpupse, wieder Blitze, wieder Pupse. Die Männer aus dem Städtchen waren ziemlich verwirrt. Ein Unwetter? Obwohl keine einzige Wolke den Sternenhimmel verdeckte? Als dann alle Grolle zu pusten anfingen und damit einen heftigen Sturm auslösten, bekamen viele der Männer Angst. Die Bäume bogen sich, die Äste schwankten, als würden sie jeden Moment abbrechen und auf sie herunterfallen. Dann fingen die Grolle an zu hüpfen. Wenn Tausende von Grollen gemeinsam hüpfen, wackelt der ganze Wald. Wie auch an jenem Abend. „A Erdbeben", schrien einige Männer und rannten wie angestochen davon.

Und nun kamen die Schnüre zum Einsatz, die die Grolle-Frauen gesponnen und im gesamten

Wald gespannt hatten. Immer zwei von ihnen hielten eine Schnur. Die flüchtenden Männer stolperten im Dunkeln natürlich darüber und purzelten wild durcheinander. „Aua, aua", klang es überall. Und „Hiiiiilfe". Andere fielen in die Löcher, die die Grolle-Männer gegraben und die Grolle-Kinder mit Zweigen abgedeckt hatten. Manche verstauchten sich die Knöchel und jammerten fürchterlich.

Während alle so dalagen und klagten, kletterten die Grolle flink auf die Bäume und spuckten von oben herunter, manche pinkelten auch. Jedenfalls dachten die verhinderten Grolle-Jäger, es würde jetzt auch noch aus heiterem Himmel regnen. Es war ihnen total unheimlich. Und pitschnass humpelte einer nach dem anderen aus dem Wald.

Grollinchen, die kleine Grollin, die erstmals das große Grollen miterlebt hatte, hüpfte vor Begeisterung durch den Wald, ließ ihre Augen blinken, pupste noch mehrmals freudig und kreischte voll Vergnügen. Da passierte es: Einer der flüchtenden Männer hatte sich nämlich auf einen Baumstumpf gesetzt, um seinen schmerzenden Fuß zu massieren. Vor lauter Begeisterung über das schöne Groll-Erlebnis übersah das Grolle-Mädchen den Mann.

Die Kleine stolperte über seinen Fuß und fiel genau vor ihm hin. Wir wissen ja, was es bedeutet, wenn ein Mensch einen Groll zu fassen

kriegt, ihn festhält oder gar gefangen nimmt. Der Mann sah im Dunkeln nicht genau, was geschehen war. Aber er nahm wahr, dass eine kleine Gestalt vor ihm lag. „Ein verletztes Tier?", fragte er sich, stand auf und wollte sich gerade bücken, um das vermeintliche Tierchen aufzuheben.

Aber bevor er Grollinchen berühren konnte, brach rund um ihn herum erneut ein Blitzen, ein Donnern und ein Stinken aus, so dass der Mann fürchterlich erschrak, sich wieder aufrichtete und angstvoll jammernd davonhumpelte. Grollinchen stieß einen spitzen Schrei aus: „Gerettet!". Sie hatte das Grollan Grollinski zu verdanken, einem Freund ihres Vaters, der zufällig mit 79 anderen Grollen in der Nähe von Grollinchen war, als diese in Gefahr geriet. Und die noch einmal das große Grollen auslösten, als sie merkten, dass der Mann sich anschickte, das Grolle-Kind aufzuheben, festzuhalten oder gar gefangen zu nehmen.

Der Mensch war jedenfalls weg. Er hatschte immer noch dem Waldrand entgegen, als Groll Rudolf, Grollinchens Vater, am Ort des Geschehens eintraf. Er ließ noch ein kleines Donnerwetter los: „Grollinchen", sagte er fast ein wenig streng, „iich hab der doch scho oft gsagt, du musst fei immer ganz, ganz arch Obacht geben, wenn Menschen in der Näh senn." Aber dann streichelte er seinem Töchterlein über den Kopf, und sie gingen gemeinsam zum großen Treffpunkt der Grolle auf der Waldlichtung zurück, wo die anderen schon die Grolle-Freudenhymne angestimmt hatten:

Ein Groll, ein Groll,
der treibt es meistens toll.
Tags bis in die Nacht hinein
munter, frech und lustig sein.
Den Menschen in die Stuben gucken,
von den höchsten Bäumen spucken.
Ein Groll, ein Groll
zu sein ist wundervoll.

Ein Groll, ein Groll,
der treibt es meistens toll.
Backstaakäs und Zwiebeln essen
und den Knoblauch nicht vergessen.
Rülpsen, pupsen auch bisweilen,
den Frechen eine Lehr' erteilen.
Ein Groll, ein Groll
zu sein ist wundervoll.

Der Hase im Grase und die Männer mit den Sägen

Die Grolle-Freudenhymne stimmen die Grolle auch immer dann an, wenn ein kleiner Groll zur Welt kommt. Grolle werden nicht geboren wie Menschen- oder Tierkinder. Sie wachsen an Nadelbäumen. Zuvor müssen Mama und Papa Groll unter dem Baum, auf dem ihr Kind zur Welt kommen soll, sieben Mal die Nasen aneinander reiben, drei Mal die Hüte tauschen und dabei sagen:

Bei dem Hase in dem Grase
reiben wir uns nun die Nase.
Und tauschen, ach du meine Güte,
immer wieder unsre Hüte.
Wenn uns dann das Glück zufällt,
kommt ein kleiner Groll zur Welt.

Dann essen beide sieben Backstaakäs und drei Knoblauchknollen, klettern auf den Baum und bestreichen den schönsten Bozzermoggl, den sie sehen, auch Bozzlkuh oder Tannenzapfen genannt, mit ihrer Spucke. Und aus diesem Bozzermoggl wird nach einiger Zeit vielleicht ein kleiner Groll. Wenn ihr an einem Tannen- oder Fichtenbaum oder an einer Kiefer einen besonders schönen Zapfen hängen seht, dann kann es durchaus sein, dass da ein kleiner Groll heranwächst. Ist seine Zeit gekommen, fällt er einfach auf den weichen Waldboden, wo ihn Mama und Papa schon erwarten.

Sie nehmen den kleinen Buben oder das kleine Mädchen dann mit in ihre Erdhöhle. Grolle graben sich nämlich Höhlen unter den Wurzeln von Bäumen. Dort leben sie ähnlich wie Menschen. Sie haben sogar kleine Betten, Tischchen und Stühle. Im Bett decken sie sich mit getrockneten Blättern zu. Wenn es kälter wird, legen sie einfach mehrere Blätter übereinander.

Nach Weihnachten halten sie drei Monate Winterschlaf. Das ist ganz schön gefährlich. Vor allem von den Holzfällern droht ihnen größte Gefahr. Wenn nämlich der Baum abgeholzt wird, unter dem die Grolle leben, dann wird es in der Wurzelhöhle fürchterlich kalt. Im Winter sind schon Grolle erfroren, nachdem ihr Baum fast bis auf die gesamte Wurzel abgeholzt wurde.

Was noch schlimmer ist: Wenn die Holzfäller die ganze Wurzel ausheben, was zum Glück sehr selten vorkommt, dann könnten sie die Grolle entdecken – und dann vielleicht sogar aufheben und festhalten. Schrecklich.

Im vorigen Jahr kamen auch Holzfäller in den Wald, in dem Grollinchen und ihr Grolle-Volk leben. Das war aber im Sommer, und die Aufregung war groß. Riesige Motorsägen hatten

die Männer mitgebracht und lärmten so, dass manche Grolle fast taub wurden. Zunächst hatten die Waldgeister Glück. An den ersten drei Tagen sägten die Arbeiter nur Bäume am Waldrand ab. Dann aber drangen sie immer weiter in den Wald vor und kamen den Grolle-Höhlen näher und näher.

Das war eine Angst im ganzen Grolle-Volk! Also setzte sich wieder der Rat der Grolle zusammen und beriet, was getan werden könnte, um schlimmes Unheil zu verhindern. Grulli Grollus hatte eine Idee.

Als die Holzfäller abends heimgingen, versperrten sie ihre Sägen in einem Bauwagen. Für die kleinen Grolle war es kein Problem, durch den Rauchschlot in den Wagen zu klettern. Das taten sie dann nachts. 93 Grolle drangen in den Wagen ein. Und sie hüpften so lange auf den Sägeblättern herum, bis diese einrissen. Keine einzige Säge war mehr heil.

Und als die Männer am nächsten Tag zu arbeiten anfingen, brachen sofort alle Sägeblätter auseinander, immer wenn die Männer zu sägen begannen. „Rums", machte es stets, und „ratsch". Und fast jedes Mal fielen die Holzfäller um und landete auf ihrem Po, manche auch auf dem Rücken. Jedenfalls schimpften sie wie verrückt auf die blöden Sägen und schickten ihren Jüngsten, den Lehrling, in die Stadt, nach Ansbach, um neue Sägeblätter zu holen.

Als der Bote nach zwei Stunden wiederkam, begannen die Holzfäller sofort erneut mit ihrer Arbeit. Und die Grolle verzogen sich angstvoll in ihre Höhlen. Am Abend, als die Arbeiter nach Dienstschluss abgezogen waren, tagte dann wieder aufgeregt der Rat der Grolle. Dieses Mal hatte Obergroll Grulli Grollus auch die Waldfee Walpuriga eingeladen. Sie war eine Freundin der Grolle und wusste oft klugen Rat, wenn die kleinen Waldgeister in Not gerieten. So auch dieses Mal: Sie schlug vor, die Sägen nachts mit Honig und Harz einzuschmieren, so dass sie total stumpf und damit unbrauchbar werden.

Harz zu bekommen, war für die Grolle ziemlich leicht. Fast an jedem Baum in Wald hängen Harztropfen. Die Grolle-Kinder wurden jedenfalls ausgesandt, um Harz zu sammeln. Mit dem Honig war es schon schwieriger. Zum einen ist er ja süß und schmeckt den Menschen gut, aber die Grolle ekeln sich davor und können ihn nicht einmal riechen. Zum anderen geben die Bienen im Wald nur ungern ihren Honig her. Zum Glück aber kennt Obergroll Grulli Grollus die Bienenkönigin gut. Er hatte ihr und ihrem Volk einmal das Leben gerettet, als zwei Wanderer den Honig stehlen, den Bienenstock zerstören und die Bienen vertreiben wollten Grulli hatte das Gespräch der Männer belauscht, bei dem sie – als sie auf einem Baumstumpf Brotzeit machten – ihre bösen Pläne schmiedeten. Daraufhin verständigte der Obergroll Bienenkönigin Flora die Siebenundneunzigste. Diese rief sofort ihren Kriegsrat ein. Und als die beiden Männer kamen, gingen die Bienen im Formationsflug zu Tausenden auf die Bösewichter los. Sie mussten gar nicht viel stechen. Die Tunichtgute rannten wie irre davon und ließen sich nicht mehr sehen.

Seither also waren Flora die Siebenundneunzigste, Königin der Waldbienen, und Grulli Grollus eng befreundet. Und das half in der jetzigen Notsituation den Grollen. Grulli selbst war zwar angewidert vom süßen Duft des Honigs, holte sich aber dennoch tapfer aus dem Bienenstock einen Topf voll der süßen Masse. Auf dem Heimweg musste er mehrfach stehen bleiben und sich die Nase zuhalten, so schlimm roch für ihn der Honig. Daheim vermischten die Grolle dann diese klebrige Masse mit der anderen klebrigen Masse, mit dem Harz. Dieses Gemisch schmierten sie nachts auf die Sägeblätter der Holzfäller.

Und als die am nächsten Morgen wieder ans Werk gingen, brachten sie die Geräte keinen Millimeter weit in die Bäume. Völlig verzweifelt waren die Männer. Die Motorsägen rauchten und stanken nur, schafften es aber nicht einmal, das Holz auch nur anzuritzen. Mittags gaben die Männer auf: „Die Baam do senn so

hart, die kammer net absägen", sagten sie und beschlossen abzuziehen.

Am Abend feierten die Grolle dann ein großes Fest, ließen die Waldfee Walpuriga hochleben, tanzten und sangen natürlich ihr Freudenlied:

Ein Groll, ein Groll,
der treibt es meisten toll...

Bösewichte zu Besuch

Grolle sprechen nicht nur die Sprache der Menschen, sondern auch die der Tiere. Und sie mögen Tiere sehr, spielen mit ihnen und helfen ihnen, wenn das nötig ist. Wie kürzlich. Da kamen drei größere Kinder mit ihren Fahrrädern aus Bad Windsheim zum Grolle-Wald: der Kevin, der Sven und die Dana. Sie legten ihre Räder auf einer Wiese am Waldrand ab. Dann stromerten sie durch das Gehölz und stellten allerlei Unfug an. Sogar mehr als Unfug. Zum Teil machten sie richtig böse Sachen.

Sie rissen einfach Buschwindröschen, also Blumen, mit ihren Wurzeln aus und warfen sie weg. Sie brachen sinnlos Zweige von den Bäumen ab und trampelten johlend darauf herum. Dann entdeckten sie zwei Spinnen. Denen rissen sie mehrere Beine aus. Das tat den Tieren sehr weh. Sie weinten fürchterlich und konnten nicht mehr richtig laufen. Die Kinder konnten das Wehklagen selbstverständlich nicht hören. Hört ihr vielleicht die Stimmen von diesen kleinen Tieren? Nein. Aber die Grolle hören sie.

Und die vernahmen noch mehr: Wenig später klagten und jammerten die Waldameisen. Zu Tausenden. Weil nämlich der Kevin, der Sven und die Dana den Bau der Ameisen mit dicken Stecken zerstört hatten. „Unser schönes Haus ist kaputt. Wo sollen wir jetzt wohnen? Unsere Kinder haben keinen Schlafplatz mehr. Und die Königin hat keinen Thron. Auch alle unsere Essenvorräte sind weg", weinten die Ameisen.

Die Feuerwanzen klagten ebenfalls. Die Dana hatte einige von ihnen einfach fest zwischen ihre Finger gedrückt. Das waren Schmerzen! „Aua, aua", schrien die Feuerkäfer. Die Kinder hörten auch das nicht und lachten nur frech. Doch die Grolle hörten alles.

Auf dem Baum, unter dem Grollinchen mit ihren Eltern wohnt, brütete ein Amselpaar zwei Eier aus. Bald sollten die Jungen schlüpfen. Aber die Kinder aus Bad Windsheim kletterten den Stamm hinauf, vertrieben die laut zeternden Vogeleltern und raubten die Eier aus den Nestern. Die beiden Amseln flogen wie wild um den Baum herum und schrien lauthals und voller Entsetzen: „Unsere Kleinen, unsere Kleinen. Die bösen Kinder haben unsere Kleinen geraubt!"

Dann zogen die drei Menschenkinder weiter und wüteten, wo immer sie konnten. Sie rissen zum Beispiel einem Hirschkäfer das Geweih aus, machten sogar Feuer, was im Wald besonders schlimm ist, weil die Bäume brennen können und alle Tiere, Pflanzen und Grolle in große Gefahr geraten. Anschließend setzten sie sich auf eine Lichtung, packten eine Brotzeit aus und fingen an zu essen und zu trinken. Das

Papier, die Getränkedosen, die Plastiktüten, die Bananenschalen und allen anderen Abfall ließen sie einfach liegen. Die Flaschen warfen sie gegen die Bäume, so dass das Glas in tausend Stücke zerbarst.

Ein Splitter traf den Hasen Leo Löffelmann am Rücken. Sein Blut spritzte. Das Reh Konrad Sausewind trat in eine Scherbe, verletzte sich ganz stark am Fuß und hatte solche Schmerzen, dass es nur noch humpeln konnte. Die drei Kinder aber legten sich auf der Lichtung ins Gras und schliefen selig ein, als wäre überhaupt nichts geschehen.

Leo Löffelmann und Konrad Sausewind sind Freunde von Grollinchen. Das Grolle-Mädchen hatte alles mitbekommen wie die meisten anderen Grolle auch. Während die Kinder schliefen, löschten die Grolle erst einmal das gefährliche Feuer. Wie? Ganz einfach: 3792 von ihnen pinkelten und spuckten in die Flammen — und schon waren sie aus.

Anschließend verarzteten die Grolle Leo Löffelmann und Konrad Sausewind. Beide hatte immer noch Angst. Den Grollen war es zwar auch ein bisschen bange. Aber sie nahmen allen Mut zusammen und beschlossen, den drei Kindern eine gehörige Lektion zu erteilen. Sie baten die Tiere, bei der Strafaktion mitzuhelfen.

Der Kevin, der Sven und die Dana schliefen immer noch, als sich mehrere Grolle zu den Rädern am Waldrand schlichen. Dort lösten sie einzelne Glieder an den Ketten der Fahrräder und montierten die Ketten ab, so dass man nicht mehr mit den Rädern fahren konnte. Die Hirschkäfer, noch wütend, weil die Kinder ihrem Freund das Geweih herausgerissen hatten, bohrten mit ihren Geweihen Löcher in die Reifen. Und dann kamen die Ameisen, Millionen Ameisen. Jedes der kleinen, aber starken Tiere trug zwei Körner Erde herbei. Und mit den Millionen von Sandkörnern schafften sie es, die Fahrräder fast völlig einzugraben. Nur die Reste der Lenkstangen lugten noch ein bisschen hervor.

Inzwischen hatten andere Grolle damit begonnen, auf der Waldwiese, wo die Kinder dösten, einen Grolle-Spuk zu veranstalten. Zuerst stöhnten alle: „Hui, hui, hui, hui", bis die drei Frechdachse aufwachten. Dann bewarfen sie sie mit Erde, die sie zu kleinen Kugeln geformt hatten.

„Hiiiilfe", schrien der Kevin, der Sven und die Dana. Sie glaubten, andere Kinder oder Jugendliche wollten sie ärgern. Doch so sehr sie nach den Erdewerfern suchten, sie fanden sie nicht. Dafür trafen die kleinen, starken Grolle, die sich natürlich geschickt verborgen hatten, aus ihren Verstecken noch ein paar Mal richtig voll: Den Kevin auf die Nase, den Sven im Genick, so dass die Erde in den Rückenausschnitt des T-Shirts rutschte, und die Dana drei Mal mitten auf dem Kopf, so dass ihre blonden Haare plötzlich erdig braun und schmutzig waren. „Miir haun lieber ab", sagten die drei Übeltäter und rannten ängstlich davon – und zwar in Richtung ihrer Fahrräder. Zumindest glaubten sie, dorthin zu laufen.

Die Grolle hatten nämlich alle Wegweiser umgedreht. Und so rannten die drei Bösewichte genau in die entgegengesetzte Richtung, also völlig falsch. Außerdem hatten die Grolle die Tafeln so verdreht, dass die Kinder immer wieder im Kreis liefen, sich überhaupt nicht mehr auskannten und schon gar nicht mehr ihre Räder fanden.

Durch Zufall kamen sie dann allerdings nach langer Zeit doch zu der Stelle, an der sie die Fahrräder abgelegt hatten. Aber die Kinder waren entsetzt. Die Gefährte waren ja – bis auf die Enden der Lenkstangen – total eingebuddelt. Und als der Kevin, der Sven und die Dana ihre Räder endlich mit bloßen Händen ausgegraben hatten, entdeckten sie, dass die Ketten zerrissen und die Reifen platt waren.

Als die drei sich dann bückten, um die schmutzigen und kaputten Fahrräder aufzuheben, kamen von hinten Wespen und stachen ihnen gehörig in den Po. Das war ein Geschrei und ein Geschimpfe!

„Aua, aua. Miir gänga nie mehr in den Wald", sagte der Kevin und hüpfte mit schmerzverzerrtem Gesicht von einem Bein auf das andere. Die Dana gab ihm die Schuld an allem, weil er vorgeschlagen hatte, den Ausflug zu unternehmen, sie zu dem Unfug angestiftet hatte und weil es dem Mädchen jetzt doch ein wenig leid tat, wie sie sich im Wald aufgeführt hatten. Der Kevin wies alle Verantwortung von sich und beschuldigte den Sven. Und so fingen die Kinder auch noch fürchterlich an zu streiten.

Schließlich nahmen sie ihre demolierten Räder, die nicht einmal mehr rollen konnten, auf die Schultern und trugen sie hinunter nach Burgbernheim. Von dort aus riefen sie den Papa vom Sven an, der einen Lieferwagen besitzt, und dann die verschmutzten, verstörten und heulenden Kinder abholte. Keine Frage, dass er erst einmal kräftig schimpfte.

Die Grolle indes versammelten sich mit den Tieren des Waldes auf der großen Lichtung und sangen – na was wohl? Ihre Hymne:

Ein Groll, ein Groll,
der treibt es meistens toll…

Versteckspiel mit Folgen

Grollinchens beste Freundin heißt Grolletta. Die beiden spielen oft miteinander. Und zwar immer vor den Wohnhöhlen der Grolle-Familien. Mama und Papa haben die Kinder streng ermahnt, nicht weiter wegzulaufen, vor allem, nie den Wald zu verlassen. Schon gar nicht hinunter ins Städtchen zu gehen, nach Burgbernheim. Das ist, wir wissen, für große und kleine Grolle sehr gefährlich. Sie können von einem Auto überfahren werden. Oder in die Hände von Menschen geraten.

Eines Tages spielten Grollinchen und Grolletta wieder einmal vor ihren Wohnhöhlen im Wald. Da hörten sie den Kuckuck rufen: „Kuuuckuck, Kuuuckuck." Der Kuckuck war ein Freund der beiden Grolle-Mädchen. Sie spielten manchmal mit ihm. Oft auch Verstecken. Als nun der Kuckuck rief, während die Mädchen aus Bozzermoggl ein Haus und einen Garten bauten, dachten sie, er verstecke sich vor ihnen und sie sollten ihn suchen. Schließlich rufen ja auch Menschenkinder manchmal „Kuuuckuck, Kuuuckuck", wenn sie sich versteckt haben und jemand soll sie suchen. Also gingen die beiden Grolle-Mädchen dem Ruf nach. Zunächst bis an den Waldrand, wo sie den Vogel nicht fanden, dann weiter und weiter ... aus dem Wald hinaus!

„Dord vorne war der Kuckuck", sagte Grollinchen. „Ja, dord, wo die Menschen-Häuser senn", antwortete Grolletta. Und im Nu standen die beiden Grolle-Kinder irgendwo in Burgbernheim. Sie wollten gerade umkehren und zum Wald zurücklaufen, als ein Menschen-Mann daherkam.

Blitzschnell versteckten sich die beiden Grolle-Mädchen in einer Hecke. Der Mann bemerkte sie zum Glück nicht. Aber schon kamen drei Menschen-Kinder. Also drückten sich Grollinchen und Grolletta noch tiefer in die Hecke hinein, bis sie durch das Gestrüpp durch waren und sich auf einer Wiese wiederfanden. Dort standen ganz merkwürdige Geräte, die sie noch nie gesehen hatten. Gerade wollten sie zu einem dieser Geräte hingehen, um es näher zu betrachten, als zwei Frauen aus dem Haus kamen, das ebenfalls in diesem Garten stand. „Sperrst du den Kindergaddn ab, oder soll iich's machn?", fragte die eine die andere. „Mach du's", sagte die zweite Frau.

Jetzt wussten die Grolle-Mädchen, dass sie in einem Kindergarten gelandet waren. O, wie spannend. „Was is'n des?", fragte Grollinchen die Grolletta und zeigte auf die große Rutsche. „Des is bestimmt ein Liegestuhl für die Erzieherinnen", meinte Grolletta. „Aber da kammer auch raufkraxeln." „Ja", sagte Grollinchen, „iich glaub eh, des is wahrscheinlich eine Kraxelbahn. Mer steigt aaf der glatten Fläche nauf und die Ladder widder nunder. Des machmer mal."

Und schon standen die beiden Grolle-Kinder auf der glatten Rutschfläche. Aber sie kamen nur ein ganz klein wenig nach oben, dann rutschten sie ab und glitten auf dem Bauch nach unten. Grolletta stieß sich ganz arg das Kinn, als sie bäuchlings über die Kante rutschte. Und Grollinchen klatschte gar voll auf den Bauch.

Mit Tränen in den Augen stellten sie fest, dass sie wohl etwas falsch gemacht haben müssten. „Vielleicht mussmer doch die Leiter hochklettern und dann aaf der glattn Fläche nunderrutschn", sagte Grollinchen – und hangelte sich sogleich nach oben. Grolleta sofort hinterher. Dann: Wie der Blitz sausten sie auf dem Po die Rutschfläche hinunter, konnten nicht mehr bremsen – und flogen hoch durch die Luft – in den Sandkasten.

Zum Glück. Der Sand war nämlich ziemlich weich. So tat der Aufprall nicht weh. Aber einen Sandkasten hatten die beiden kleinen Grolle auch noch nie gesehen. Sand kannten sie ebenfalls nicht. „Was is'n edz des?", fragte daher Grolletta ihre Freundin. „Bestimmt was zu essen", meinte diese. „Bestimmt", sagte auch Grolletta.

Beide entdeckten nämlich Förmchen, Eimer, Schaufeln und Löffel und sie meinten, die Menschen-Kinder würden eben mit Schaufeln und Löffeln den Sand aus den Eimern und Förmchen verspeisen. Also taten dies Grollinchen und Grolletta auch. In der Hoffnung, dass der Sand schön stinkig und scharf ist.

Au weia. Schon nach dem ersten Löffel Sand husteten und spuckten beide wie verrückt. Der Sand war weder stinkig noch scharf, sondern er kratzte nur fürchterlich im Mund und im Hals. Die Kinder hatte alle Mühe, ihn wieder aus dem Mund herauszubekommen. Aber schließlich schafften sie es mit Spucken und Husten doch. So sahen sie sich dann noch ein bisschen im Kindergarten um. „Und was is edz des da widder?", fragte Grolletta und zeigte auf die Regenrinne an der Hauswand. „Sicher aa so a Kletterstange für die Kinder", sagte Grollinchen – und fing schon an, sich hochzuhangeln.

Das Drama im Käsetopf

Die Kletterstange, die gar keine war, endete neben einem Fenster im ersten Stock. Es stand ein wenig offen. Und aus dem Raum hinter dem Fenster drang ein für Grollinchen betörender Duft: nämlich nach völlig verbranntem, stinkigem Käse. „Kumm schnell nauf", rief sie Grolletta zu, die sich nun auch behände hochhangelte bis zum Fenster.

Die beiden Grolle-Mädchen öffneten das Fenster ganz und kletterten dann in den Raum, der offensichtlich eine Küche war. Auf dem Herd stand ein großer Topf. Zweifelsfrei drang aus ihm der wunderbare Geruch nach angebranntem, heftig stinkendem Käse.

Zu gerne hätten die Grolle-Kinder in den Topf geschaut und von dem leckeren Essen genascht. Aber er war viel zu hoch für die kleinen Wesen. Sie hatten jedoch eine Idee: Sie nahmen den Kochlöffel, der auf der Spüle lag, lehnten ihn schräg an den Rand des Topfs an und kletterten daran hoch.

Vom Rand aus sprangen sie – platsch – in den Topf hinein. Und landeten inmitten einer braunen, klebrigen Masse. Die Erzieherinnen hatten wohl einige Zeit zuvor Käsesoße mit Nudeln für die Kindergartenkinder gekocht. Die war ganz arg angebrannt. Wahrscheinlich waren die Erzieherinnen nicht mehr dazu gekommen, den Topf sauber zu machen. Sie hatten nur ein bisschen Wasser auf die angebrannte Masse geschüttet, damit sie über Nacht aufweicht und sich am nächsten Morgen leichter wegkratzen lässt.

Das war ein großer Vorteil für die beiden Grolle-Naschkatzen. So konnten sie sich an dem für Menschenzungen fürchterlichen, für Grolle-Gaumen herrlich schmeckenden verbrannten Käse laben. „Des schmeckt klasse", stöhnten beide. Kein Fleckchen blieb mehr übrig. „Edz bin iich satt", sagte Grolletta. „Iich aa", antwortete Grollinchen. „Edz gemmer widder hamm."

Doch das war leichter gesagt als getan. Als sie nämlich versuchten, wieder aus dem Topf herauszukommen, bemerkten sie, dass der Rand für sie viel zu hoch war, um hinauf zu kommen. Da bekamen die beiden große Angst. „Au weia", jammerte Grollinchen, „wenn miir edz nimmer rauskommen und a Mensch findet uns, holt uns raus und hält uns fest, dann sind wir geliefert." Grolletta fing an zu weinen: „Iich will naus, iich will naus!", rief sie immerzu.

Da hatte Grollinchen eine Idee. Sie schlug vor, dass Grolletta eine Spitzbubmladder macht, die auf Hochdeutsch auch Räuberleiter heißt. Also verschränkte Grolletta die Hände vor dem Unterbauch so ineinander, dass Grollinchen auf die Hände treten konnte, von dort auf die

Schultern – und dann auf den Rand des Topfs. Aber das klingt leichter, als es ist. Beim ersten Versuch rutschte Grollinchen ab und landete auf den Topfboden. Beim zweiten Mal verließ Grolletta die Kraft, ihre Hände gingen auseinander, als Grollinchen draufstand, und diese purzelte erneut auf den Topfboden.

Erst der dritte Versuch gelang. Grollinchen saß völlig außer Atem auf dem Rand des Topfs und hangelte sich dann am Kochlöffel, der immer noch am Topfrand lehnte, nach unten. Und Grolletta? Die saß weiter im Topf und weinte bitterlich. Sie hatte ja jetzt niemanden, der ihr die Spitzbubmladder machen konnte. „Hiiilfe, Hiiilfe", rief sie.

Zum Glück entdeckte in diesem Moment Grollinchen auf dem Schrank ein Küchenhandtuch. Sie nahm es, schwang es wie ein Lasso über ihren Kopf und schaffte es schließlich, dass das Ende des Tuchs in den Topf hineinfiel. Daran hielt sich Grolletta fest. Auf der anderen Seite, draußen, zog Grollinchen mit aller Kraft, bis ihre Freundin oben auf dem Rand saß und ebenfalls am Kochlöffel herunterrutschen konnte.

Ganz schnell wollten die beiden Mädchen die Kindergarten-Küche wieder verlassen, rannten zum Fenster und zur Dachrinne, die ihrer Meinung nach ja eine Kletterstange war, und schickten sich an, daran herunter zu gleiten. Aber wie erschraken sie, als sie zum Fenster

kamen: Es war inzwischen stockdustere Nacht geworden. „Da findmer nie hamm", meinte Grolletta. Grollinchen sagte gar nichts und weinte nur leise.

Sehr vorsichtig ließen sie sich an der Rinne hinunter, ihre Augen als Leuchten nutzend. Dann irrten sie durch den großen Garten. Schließlich entdeckten sie eine Korbschaukel, also eine Schaukel, die ein wenig aussieht wie ein Vogelnest. Sie kletterten hoch, legten sich hinein – und schliefen ein.

Wenn es spukt im Städtchen

Im Grolle-Wald herrschte inzwischen riesige Aufregung. Die Eltern von Grollinchen und Grolletta hatten natürlich längst gemerkt, dass die beiden Kinder nicht da waren. Zuerst glaubten die erwachsenen Grolle noch, die beiden Mädchen hätten sich im Wald verlaufen. Deshalb suchten sie zusammen mit vielen anderen Grollen den gesamten Forst ab. Doch sie fanden von den beiden Kindern keine Spur.

„Vielleicht haben ja die Vögel hoch in den Bäumen etwas gesehen", dachten sich die Eltern. Aber sie trafen nur die Eule Heuleschön, die verschlafen in einer Eiche saß. Wir wissen ja, dass Eulen tagsüber schlafen oder dösen und nachts hellwach sind. „Hast du Grolletta und Grollinchen gsehn?", fragte der Papa von Grollinchen die Eule. „Sie sind weg!"

„Au weia", grummelte Heuleschön verschlafen. Aber die Eltern verstanden „am Weiher". Also machten sie sich auf und liefen aus dem Wald hinaus über Wiesen und Felder zum großen Fischweiher hinüber. Oft hatten sie den Kindern eingeprägt, nicht ohne Schwimmgürtel oder ohne Schwimmflügel zum Wasser oder ins Wasser zu gehen. Weil auch Grolle-Kinder meistens nicht ganz richtig schwimmen können. „Hoffentlich is nix passiert", jammerte die

Mama von Grolletta unentwegt. „Hoffentlich is nix passiert!"

Als die erwachsenen Grolle zum Weiher kamen, konnten sie gleich feststellen, dass hier nichts Schlimmes passiert sein konnte. Der Teich war nämlich abgelassen. Die Besitzer hatten das Wasser in den Bach abgeleitet, so dass nur der trockene Grund des Sees vor den Grollen lag. „Also, ertrunken können sie net sein", sagte Grollinchens Papa ein wenig erleichtert.

Die Grolle suchten nun die gesamte Umgebung des Teichs ab. Aber sie entdeckten nichts außer Leo Löffelmann, den Hasen, der in der Wiese lag und schnarchte. Als es begann finster zu werden, gingen die Grolle zum Wald zurück. Am Waldrand begegnete ihnen der Kuckuck. „Hast du Grollinchen und Grolletta gesehen?", fragten sie ihn. „Ja", antwortete er, „die sind nunder nach Burgbernheim glaufen. „Bist du sicher?" – „Ja, zum Kuckuck."

Sofort schlugen die Eltern Alarm. Und 312 Grolle machten sich auf den Weg ins Städtchen. Aber wo suchen? Jedenfalls ließen sie, im Ort angekommen, erst einmal alle ihre Augen leuchten, um besser sehen zu können. Und sie riefen nach den Kindern.

Das blieb bei den Menschen nicht unbemerkt. Sie waren verwundert über das ungewöhnliche

Licht und die Geräusche der Stimmen, die zwar in Menschenohren sehr leise klingen, aber einen ganz merkwürdigen Chor ergaben. Es klang fast wie ein aufkommender Sturm, als alle Grolle durcheinander riefen. Alles war jedenfalls sehr gespenstisch. Manche Burgbernheimer meinten, eine riesige Schar summender Glühwürmchen sei in die Stadt eingedrungen. Und sie hatten fast ein wenig Angst.

Als die Grolle dann noch durch die Fenster in die Häuser sahen und ihre Lichtblitze aussandten, andere in die Wohnungen und Keller gingen, wo eine Tür offen stand, dort Topfdeckel anhoben und wieder fallen ließen, Schränkchen zur Seite schoben, klappernd Kisten mit Flaschen wegrückten, da war es ganz vorbei mit der Ruhe im Städtchen.

Manche Leute gingen vor die Tür und berichteten ängstlich ihren Nachbarn, die auch nach draußen gegangen waren, von den merkwürdigen Geschehnissen. Und dem Müller Karl, der unter seinem Balkon stand, dem fiel ein Holzstück auf den Kopf. Ein Groll auf dem Balkon war versehentlich drangestoßen und hatte es heruntergeworfen. „Es spukt, es spukt", riefen einige und eilten zurück in die Häuser, die sie schnell und fest zusperrten.

Trotz der Sorgen um Grollinchen und Grolletta mussten manche Grolle sogar ein bisschen lachen über das Chaos, das sie angerichtet hatten und über die panischen Reaktionen der Menschen. Aber als alle 312 Grolle wieder auf dem großen Platz in der Ortsmitte zusammentrafen, zeigten sie sich doch sehr verzweifelt: Sie hatten immer noch keine Spur von den beiden verschwundenen Mädchen entdeckt.

Ein schnarchender Held

Müde trottete die Grolle-Schar Richtung Wald. Bevor die Grolle den Ort verließen, kamen sie allerdings noch am Kindergarten vorbei. „War da scho jemand drinn?", fragte der Obergroll. Alle schüttelten den Kopf. „Also suchmer halt dord aa noch", meinte Grulli Grollus. Behände stiegen die 312 Grolle über den Zaun. „Und edz?", fragte der Vater von Grollinchen. „Edz kletternmer ins Haus", antwortete der Obergroll, der längst entdeckt hatte, dass ein Regenrohr zu einem offenen Fenster führt.

Ein Groll nach dem anderen erklomm das Fensterbrett. Dann verteilten sie sich im ganzen Haus, durchsuchten jeden Raum, jeden Winkel, schauten sogar im Klo nach. Doch einer der Grolle machte nicht mit bei der Hausdurchsuchung: Grolli Willnixtun. Das ist ein bisschen ein fauler Wicht, der am liebsten isst und schläft. Ja, er futtert sogar schreckliche Sachen wie Erdbeereis, Gummibärchen und fränkische Bradwöschd, vor denen es allen anderen Grollen graust.

Dieser Grolli Willnixtun hatte sich also heimlich verdrückt, als die anderen Grolle zum Fenster hochkletterten. Und weil er so faul war, suchte er nach einem Plätzchen zum Ausruhen. Da entdeckte er die Korbschaukel, kroch darunter und machte es sich in seinem Versteck recht

gemütlich. Bald schlief er ein und schnarchte fürchterlich.

Grollinchen, oben in der Korbschaukel, wachte von einem heftigen „Rrrrrgrrrrrr, Rrrrrgrrrrrr, Rrrrrgrrrrrr" auf. Sie dachte zuerst, ihre Freundin schnarcht und wollte sie gerade wecken, als sie merkte, dass die heftigen Geräusche von außen oder unten kamen. Sie erschrak fürchterlich. Es hörte sich nämlich so an, als wären die Holzfäller aus dem Wald hier und sägten gerade die Schaukel um. „Grolletta!", rief Grollinchen. „Wach auf, jemand sägt unsere Schaukel um!" Grolletta sprang sofort auf und von der Schaukel herunter. Grollinchen hinterher.

Da entdeckten sie den schnarchenden Grolli Willnixtun. Sie rüttelten ihn wach, und Grolletta fragte: „Wo kommstn du her?" Der faule und schlaftrunkene Grolli dachte zunächst, die Begegnung mit den beiden Mädchen sei nur ein Traum. Er machte die Augen wieder zu, drehte sich auf die Seite und schlief weiter. Auch als Grollinchen und Grolletta ihn in den Po piksten und am Bauch kitzelten, glaubte er immer noch, er erlebe alles nur im Schlaf und rief immer: „Haut ab, ihr Ameisen!" Weil er nämlich dachte, die Ameisen waren es, die ihn piksten und kitzelten.

„Wir sind keine Ameisen", riefen Grollinchen und Grolletta und schüttelten noch einmal den verschlafenen Wicht. Dann erst wachte er richtig auf. Natürlich freute er sich und erzählte den Mädchen die Geschichte von der Suche am Weiher und im Städtchen, wie ihre Eltern Angst hatten und die Menschen in Burgbernheim erschrocken waren und sich fürchteten.

Inzwischen hatten die anderen Grolle ihre Aktion im Kindergarten-Gebäude abgebrochen. Und als Grulli Grollus aus dem Fenster kletterte, sah er schon von oben die hell leuchtenden Augen der beiden Kinder und von Grolli Willnixtun.

Das war ein Hallo! Schnell hangelten sich die Grolle einer nach dem anderen an der Regenrinne hinunter und liefen zu den Kindern hin. Die Eltern von Grollinchen und Grolletta nahmen die Ausreißer erst einmal erleichtert in die Arme. Dann gab es aber ein gehöriges Donnerwetter. „Ihr dürft doch net einfach fortlaufen!", schimpften die Eltern. „Eigentlich müsstmer euch die Ohrn langziehen." „Bitte nicht", jammerten die beiden Kinder und erzählten nun ihre Geschichte vom Kuckuck, von der missglückten Rutschpartie, vom Käsetopf und von der Finsternis der Nacht, die sie überrascht hatte.

Die meisten Grolle hatten sich inzwischen um Grolli Willnixtun versammelt. „Wie hast'n du die Kinder entdeckt?", fragten sie. Da erzählte Grolli ihnen eine gefährlich klingende, aber lei-

der ziemlich unwahre Geschichte. Dass er auch in das Kindergarten-Gebäude hätte hochklettern wollen. Aber dann habe er komische Töne gehört. Und er habe geglaubt, ein Waldschrat – das ist ein unangenehmer und ständig zu Bosheiten aufgelegter Einzelgänger unter den Wichten, der große und kleine Grolle auch schon mal boxt und erschreckt –, dass also so ein Waldschrat hier im Garten sei.

Um den Waldschrat mutig zu vertreiben, sei er zur Schaukel gegangen, habe sich darunter gelegt und schreckliche Schnarchtöne ausgestoßen. Er sei sicher, dass der Waldschrat daraufhin sofort ausgerissen sei, erzählte Grolli Willnixtun den erstaunten Grollen. Natürlich habe er geahnt, dass die beiden Mädchen in der Korbschaukel schlafen. Damit sie nicht so jäh aufwachen, hätte er einfach noch weiter geschnarcht, bis Grolletta und Grollinchen es gehört hätten.

Alle lobten Grolli Willnixtun für seine Tapferkeit und seine Einfühlsamkeit. Als sie dann den Kindergarten verließen und sich Richtung Wald aufmachten, kam ihnen das Reh Konrad Sausewind entgegen. Die Grolle erzählten ihm die Geschichte von der mutigen Rettungstat. Deshalb lud Sausewind Grolli dazu ein, auf seinem Rücken in den Wald zurückzureiten, wie es sich für einen Helden gehört.

Grollinchen und Grolletta sagten nichts zu der ziemlich frei erfundenen Geschichte, die Grolli Willnixtun den anderen weisgemacht hatte. Aber als dieser voller Stolz in den Wald einritt und alle immer wieder den Faulenzer priesen, da ärgerten sich die Mädchen doch ein bisschen. Der Ärger schlug aber in Lachen um, als Sausewind über eine Wurzel stolperte und Grolli Willnixtun auf den Boden purzelte. Ja, so endet manchmal auch Heldentum.

Es ist noch nachzutragen, dass sich am nächsten Tag die Erzieherinnen des Kindergartens sehr wunderten, warum der Topf mit dem angebrannten Käse über Nacht sauber und blitzblank geworden war und kein Brösel von der ekligen Masse mehr übrig war. Nein, erklären konnten sie sich das nicht. „Vielleicht", meinten sie, „hat eine Katze die Käsereste aufgegessen. Oder es waren die Mäuse", spekulierten sie. Aber so richtig überzeugt waren sie davon nicht.

Grollimo, die Grollitis und eine große Portion Glück

Nach dieser Aufregung achteten Grollinchen und Grolletta ganz genau darauf, dass sie immer in ihrem Wald blieben und höchstens bis zu dessen Rand gingen. So spielten sie eines Tages dort wieder mit dem Kuckuck Verstecken. Mit dabei war auch der Freund der beiden Mädchen, Grollimo. Als sich die Kinder gerade wieder einmal ein Versteck suchten, sahen sie auf der Lichtung ein Liebespaar. „Was machn die?", fragte Grollimo. „Die küssen sich", antwortete Grollinchen. „Was is'n küssen?", hakte Grollimo nach. „Des is doch edz woschd. Haumer lieber ab, bevor die uns entdecken", mahnte Grolletta. Die Mädchen sausten wie der Blitz davon.

Nur Grollimo blieb zurück. Er war doch zu neugierig und wollte sehen, wie das Küssen geht. Doch während er sich anschlich, blieb er mit seinem rechten Fuß in einer Schlingpflanze hängen und verhedderte sich so, dass er nicht mehr frei kam. „Grolliiiiiinchen!", schrie er und „Grolleeeeetta!" Aber die Mädchen hörten ihn nicht mehr. Dafür vernahm ihn das Liebespaar.

„Was war des?", fragte der Mann die Frau, als er die Stimme von Grollimo gehört hatte. „Das war so, als wenn aaner grufen hätt", meinte sie. „Dord bewegt sich doch was", sagte der

Mann und rannte auf Grollimo zu. Nein, Grollimo konnte sich nicht befreien. So entdeckte ihn der Verliebte. „Wer bist'n du?", fragte er, käseweiß vor Schreck. Und er langte hin, um den Grolle-Buben aufzuheben. „Neiiiin. Nicht anlangen", rief der. Aber es war schon zu spät. Der Mann umfasste Grollimo und befreite ihn aus dem Gestrüpp.

Grollimo weinte fürchterlich. „Lass mich los! Wenn mich Menschen festhalten, krieg iich eine schwere Grolle-Krankheit, die Grollitis. Ich bin nämlich ein Groll", berichtete er dem Liebespaar. „Ein Groll?", fragte der Mann erschrocken. „Ich wollte dich doch nur aus den Schlingen befreien", versicherte er. In diesem Moment biss Grollimo dem Menschen in den Finger. Der schrie auf, ließ sofort los, nahm seine Freundin bei der Hand und rannte weg. „Des glabbd uns kanner, wenn miir des dahamm derzähln", meint noch die Frau.

Auch Grollimo rannte weg. Er spürte regelrecht, wie sich seine Haut grün verfärbte, wie seine Ohren lang und spitz wurden und den Hut an der Krempe regelrecht in die Höhe hoben. Heulend kam er daheim an. Seine Eltern waren außer sich, als sie ihn sahen. „Die Grollitis", schrien sie, „die Grollitis!" Sie führten Grollimo sofort zum Obergroll Grulli Grollus. Auch der erschrak fürchterlich. Noch nie hatte ein Groll im Wildbad-Wald die Grollitis gehabt.

„Was machmern bloß, was machmern bloß?", jammerte der Obergroll. Indes glaubte Grollino großen Appetit auf Schokolade zu verspüren. „Schokolade. Igitt, igitt", sagten die Erwachsenen. „Ich will auch Gummibärle und Erdbeereis und Pommes und Schnitzel", erklärte Grollimo. „Iich spei glei", meinte Grollimos Mutter, „Erdbeereis, Schokolade, Gummibärle, Schnitzel, Pommes, scheußlich, scheußlich."

Der Obergroll rief jedenfalls sofort den Rat der Grolle zusammen und lud dazu auch die Waldfee Walpurgia ein. Sie berichtete, dass sie eine Hexe namens Schrumplgoschn kenne, die vielleicht helfen könnte. Inzwischen färbte sich Grollimos Gesicht immer grüner, und seine Ohren wurden immer länger und spitzer. „Wir müssen sofort zur Hexe", meinte der Obergroll. Die Hexe Schrumplgoschn wohnt auf dem Bocksberg bei Ansbach und hat schon mehrfach fränkische Grolle, Feen und Elfen von Krankheiten geheilt. Die Grolle baten das Reh Konrad Sausewind um Hilfe. Grollimo und sein Vater setzten sich auf dessen Rücken und ritten im Eiltempo Richtung Ansbach, zum Bocksberg und zur Hexe.

Die besah sich Grollimo ganz genau. Dann bewegte sie den Kopf hin und her. „IIch waaß net, iich waaß net, ob iich da helfen ko", sagte sie besorgt. Dann versuchte sie es mit Zaubersprüchen wie:

Affenpo und Hühnerei,
Groll-Grollitis, geh vorbei!

Oder:

Es bellt die Katz, miaut der Hund,
Groll Grollimo, sei gesund!

Oder:

Pupse, Pupse kommt heraus,
dann ist die Grollitis aus.

Aber nichts half. Grollimo blieb weiter grün im Gesicht, hatte lange spitze Ohren und kein bisschen Appetit auf die großen Genüsse der Grolle, auf Backstaakäs, Knoblauch, Bärlauch und Zwiebeln. Stattdessen auf Pommes, Ketchup und Fischstäbchen. Ein Graus für jeden gesunden Groll.

„Ja", meinte die Hexe Schrumplgoschn, „iich kann eich net helfen. Am besten ihr gedd zur Fee Machmiichgsund, die im Reichswald bei Närmberch wohnt und über alle Grolle-, Feen- und Elfenkrankheiten bestens Bscheid waaß."

Also stiegen Grollimo und sein Papa wieder auf den Rücken von Sausewind – und los ging's in den großen, großen Reichswald. Es war sehr schwierig, die Fee zu finden. Sie wussten nämlich nicht genau, wo die Fee lebt. Die Hexe Schrumplgoschn hatte es auch nicht gewusst.

Mehr als zwei Tage waren sie nun bereits unterwegs. Und ihre Verzweiflung wuchs. Immer wenn sie einen Hasen, ein Reh, einen Igel oder

sonst ein Tier fragten, dann rannten die angstvoll davon, ohne ein Wort zu sagen. Grolle schauen ja schon von Natur aus recht grauslich aus. Aber mit Grollitis wie Grollimo sind sie richtig furchterregend.

Nur der große Bussard hatte keine Angst. Im Gegenteil. Er schrie – am Himmel schwebend – die drei Reisenden von der Frankenhöhe an: „Haut ab, sonst scheuch iich eich!" „Aber miir such'n doch bloß die Fee Machmiichgsund", rief Grollimos Vater. „Mei Kind is krank." „Des is miir woschd", antwortete herzlos der freche Bussard. „Die findt ihr nie", fügte er noch schadenfroh lachend an. „Ihr Debbm, es is nämlich für uns alle verboten, zu verraten, dass die Fee im Wald am Schmausenbuck beim Närmbercher Tiergarten wohnt", schrie er noch überheblich – und erschrak fürchterlich, weil er ja jetzt ausgeplaudert hatte, wo die Fee zu finden ist.

Schnell flog er fort. Unsere drei Suchenden eilten in Richtung Schmausenbuck davon. Dort fanden sie tatsächlich die Fee Machmiichgsund. Die ließ sich von Grollimo ausführlich erzählen, warum er überhaupt die Grollitis bekommen hatte. Er berichtete von dem Liebespaar und dem Mann, der ihn aus der Schlingpflanze befreit hatte. Und dass er diesen Menschen gebissen hatte, um loszukommen. Grollimo versicherte, dass er das jetzt bedauere, weil er seinem Helfer wehgetan hatte.

„Tja, wenn des so is", erklärte die Fee, „dann is ja alles gut." „Gut?", fragten Grollimo und sein Vater wie aus einem Mund. „Ja, gut", antwortete Machmiichgsund. „Du hast a große Portion Glück ghabt. Wenn nämlich ein Mensch einen Groll festhält, um ihm Gutes zu tun oder um ihm zu helfen, dann führt das nur zu einer Kurz-Grollitis. Die dauert net 666 Tage und sechs Stunden, sondern nur drei Tage und drei Stunden", sagte sie.

Und diese drei Tage und drei Stunden waren fast um, als sich Grollimo, dessen Vater und das Reh Konrad Sausewind auf den Heimweg machten. Als dann Grollimo plötzlich sagte: „Iich will ann Backstaakäs", da wusste der Vater, dass sein Kleiner bald wieder gesund sein würde.

Es war jedenfalls ein großes Hallo, als die drei Ausflügler wieder im Grolle-Wald beim Wildbad eintrafen, Grollimo wieder ganz gesund aussah und einen Backstaakäs nach dem anderen futterte, dazu reichlich Knoblauch, Zwiebeln und Bärlauch.

Grolletta und Grollinchen gaben ihm vor Freude einen Kuss auf die Wange: „Siehst du", sagten sie, „so geht das Küssen." Nun hatte es Grollimo auf diesem Umweg doch noch erfahren. Er fasste seine beiden Freundinnen bei der Hand, sie tanzten um eine Eiche und sangen, ja, was wohl?

Ein Groll, ein Groll,
der treibt es meistens toll...

Eine schwere Beschuldigung bringt neue Freunde

Es wurde allmählich herbstlich im Grolle-Wald. Die Tage wurden kürzer, und der Wind in den Bäumen rund um das Wildbad wehte kälter. In der kühleren Jahreszeit tragen die Grolle einen Schal um den Hals und ziehen meist den Hut tief ins Gesicht. Die Kinder müssen wieder zur Schule.

In der Grolle-Schule lernen sie alles über das große und das kleine Grollen, über Zwiebeln, Knoblauch, Backstaakäs, Bärlauch und über den Wald, in dem sie leben. Und dass sich Grolle vor den Menschen in Acht nehmen müssen, weil diese für sie sehr, sehr gefährlich sein können. Darüber hinaus lernen sie auch das Rechnen. Aber sie zählen immer rückwärts. Und das auch nur von zehn bis eins. Außerdem bringt ihnen Lehrer Grulli Obergscheit das Lesen bei. So können sie alles lesen, was die Menschen schreiben.

Aber die Grolle selbst können nur in Spiegelschrift schreiben, also falsch herum. Sie haben keine Stifte und kein Papier, besitzen aber Farben und Pinsel. Damit malen sie Zeichen an die Bäume, Kreuze, Punkte oder Streifen rund um den Stamm. Wenn ihr so etwas im Wald seht, könnte es sein, dass dies Grolle gemalt haben.

Sie wollen damit sagen: In diesem Wald wohnen wir. Gebt bitte Obacht und schreit nicht herum!

Natürlich lernen sie in der Schule, wie man auf Bäume klettert und viele Dinge mehr. Die kleinen Grolle lieben es ohnehin, auf Bäume zu kraxeln. Es gibt sogar Wettkämpfe im Schnellkraxeln. Wie auch im Bozzermoggl-Weitwurf.

Am Nachmittag, wenn die Schule aus ist, machen die Grolle-Kinder oft weiter beim Bozzermoggl-Weitwurf oder beim Schnellkraxeln auf Bäume. Wie dieser Tage Grollinchen, Grolletta und Grollimo. 39 Mal waren sie schon auf die hohe Eiche geklettert, als sie — auf dem Baumwipfel hockend — vier Menschen-Kinder kommen sahen. Die drei Grolle wagten nicht mehr, sich zu bewegen oder etwas zu sagen.

Ausgerechnet unter ihrer Eiche setzten sich die vier Kinder nieder und sprachen miteinander. Die kleinen Grolle bekamen alles mit. Also: Die vier hießen Anna, Annika, Clara und Timo. Sie waren aus Burgbernheim heraufgekommen und schienen total aufgeregt zu sein. Manchmal weinte der eine oder andere von ihnen. Denn sie hatten ein großes Problem.

Sie waren von daheim fortgelaufen, weil sie sich ungerecht beschuldigt fühlten. Im großen Garten vor dem Haus, in dem sie mit ihren Eltern wohnten, waren nämlich am Tag zuvor zwei Gartenstühle und der Tisch demoliert worden, Lehnen und Beine der Stühle abgebrochen, die Tischplatte abgerissen worden. Die kläglichen Überreste der Gartenmöbel waren auf der Wiese verstreut. Außerdem war das Gestell mit der Wäscheleine umgeworfen worden – und die frisch gewaschene Wäsche lag im Schmutz. Am Gartenzaun fehlten mehrere Latten, vom Gartentor war das Schloss herausgerissen worden, und der Sonnenschirm fand sich zerbrochen in einem Blumenbeet.

Als die vier Kinder aus der Schule kamen, sahen sie sich die Bescherung genauer an. Und als Timo gerade einen der zerbrochenen Stühle hochhob und Anna sich in der Wiese neben die umgeworfene Wäschestange setzte, kam die Hauswirtin, Frau Schmidt. Sie fing fürchterlich an zu schimpfen: „Ihr elendiche Saubande", schrie sie die Kinder an. „Warded ner. Des bezahln mer eure Eltern!" Sie warf Anna, Annika, Clara und Timo vor, all die Dinge kaputt gemacht zu haben.

„Des warn miir net", versicherten die Kinder. „Werkli net. So stark semmer gar net, dassmer Stuhlbeine zerbrechen kenna oder a Tischplatte abreißn." Und sie berichteten, dass sie in der Nacht aus dem Schlaf aufgewacht waren und gehört hatten, wie mehrere wahrscheinlich betrunkene Männer gegröhlt hatten. „Vielleicht waren die des", meinten Anna, Annika,

Clara und Timo. „Iich gib eich glei, lügn aa nuuch!", schimpfte Frau Schmidt, rannte zur Tür und klingelte die Mutter der vier Kinder heraus, die nun schnell davonrannten.

Die vier waren fürchterlich wütend, weil sie wirklich nichts angestellt hatten und tatsächlich vom nächtlichen Geschrei der Betrunkenen aufgeweckt worden waren. Aber, meinten sie, das glaubte ihnen jetzt niemand mehr. Wenn Mama und Papa erfahren, dass sie für den Schaden aufkommen, also ihn bezahlen müssen, dann sind sie sicher richtig traurig, befürchteten Anna, Annika, Clara und Timo. Denn die Eltern hatten nicht viel Geld, mussten immer sparen und konnten sich nur wenig leisten. Und nun sollten sie womöglich ganz viel Geld ausgeben, nur weil die Frau Schmidt so ungerecht war und etwas behauptete, das gar nicht stimmte. So waren die vier in den Wildbad-Wald gerannt, um nicht ausgeschimpft zu werden und zu beraten, was sie tun könnten.

Die drei Grolle hoch im Baum hörten die Geschichte voller Spannung. Grollimo bekam nicht alle Einzelheiten mit. Damit er besser verstehen konnte, kletterte er ein Stück weiter den Baum hinunter. Plötzlich machte es „knacks". Ein kleiner Ast brach ab, auf dem Grollimo gerade stand, der Grolle-Bub fiel vom Baum herunter und landete auf dem Hosenboden genau vor den Menschenkindern.

Das war ein Geschrei! Die Menschen-Kinder erschraken fürchterlich und schrien: „Bitte tu uns nix. Wer bist'n du? Hilfe, Hilfe." Und der kleine Groll jammerte ebenfalls: „Bitte tut mer nix!" Also hatten jedenfalls Anna, Annika, Clara und Timo vor dem kleinen Groll Angst und dieser vor den Menschen – und zwar so arg, dass er laut pupsen musste.

Da mussten die Kinder schon wieder fast ein bisschen lachen. Und Grollimo lachte auch. „Ich heiße Grollimo und bin ein Groll", sagte er. „Ein Groll?", schrien die Kinder. „Ein echter, gefährlicher Groll?" „Ich bin doch gar net gefährlich", versicherte Grollimo. „Doch! Grolle senn immer frech und bös", meinten die vier Kinder.

„Des stimmt gar net", erklärte Grollimo. „Aber in Burgbernheim sag'n des alle Erwachsenen", erwiderte Anna. „Die kennen uns doch gar net richtig", sagte der Grolle-Bub und erzählte den Menschen-Kindern alles über das Leben der Grolle. „Und bitte", sagte er, „haltet mich nie fest, nicht einmal kurz. Auch nie einen anderen Groll." Er berichtete ihnen von der schweren Grolle-Krankheit, der Grollitis, die er erst kürzlich gehabt hatte.

Inzwischen waren auch Grollinchen und Grolletta vom Baum heruntergestiegen, gesellten sich vorsichtig zu der Schar und stellten sich schüchtern vor: „Wir sind die Freundinnen

vom Grollimo", erklärten sie. Dann erzählten Anna, Annika, Clara und Timo noch einmal von den Problemen in ihrem Garten und dass sie sich nicht mehr heimtrauten.

Da hatte Grollinchen eine Idee: „Die erwachsenen Grolle hier im Wald sind tolle Handwerker. Sie können den Schaden bestimmt reparieren. Dann kann die Vermieterin, die Frau Schmidt, nimmer schimpfen, und die Eltern müssen nix bezahlen", sagten sie.

„Wollt ihr uns werkli helfen?" Die Menschen-Kinder konnten es gar nicht glauben. „Bestimmt mach'n unsere Erwachsenen mit", versicherte Grollinchen. „Wenn jemand in Not ist, helfen miir immer. Gedd ruhig hamm. Heut Nacht werd der Gart'n widder hergricht".

Die Grolle-Kinder gingen zu ihren Familien und schilderten die Not ihrer neuen Menschen-Freunde. Daraufhin berief Obergroll Grulli Grollus den Rat der Grolle ein – und die Waldgeister beschlossen, nicht nur den Kindern zu helfen, sondern auch der Vermieterin, der Frau Schmidt, eine gehörige Lektion zu erteilen.

Die Menschen-Kinder indes trotteten ängstlich zurück ins Städtchen. Als die Mutter die Wohnungstür öffnete, gab es tatsächlich sofort ein großes Donnerwetter. Aber die Kinder schworen, dass sie wirklich die Sachen im Garten nicht kaputt gemacht hätten.

Sie berichteten, wie es war, dass sie nachts die Betrunkenen gehört und sich nach der Schule nur den Schaden genau angeschaut hätten. Zum Glück glaubte ihnen die Mutter. Sie versprach, am nächsten Tag noch einmal mit Frau Schmidt zu reden. Trotzdem schimpfte sie schon ein wenig auf die Kinder: weil die ohne Bescheid zu sagen in den Wald gegangen und so lange weggeblieben waren, dass sich die Mama große Sorgen gemacht hatte. Anna, Annika, Clara und Timo versprachen, das nie mehr zu tun.

Spuk in der Nacht und Bangerdn, die keine sind

Das war eine Nacht im Haus der Kinder! Vor allem für die Frau Schmidt. Aber der Reihe nach: Wieder machten sich 312 Grolle auf den Weg vom Wald zum Städtchen. Mit Werkzeug: kleinen Sägen, Hämmern, Nägeln, Leim, Schraubenziehern, Zangen und so weiter. Ratzfatz waren der Zaun und das Schloss repariert, standen Stühle und Tische wieder, waren das Wäschegestell und der Sonnenschirm hergerichtet.

Nur die Wäsche blieb schmutzig. Schließlich hatten die Grolle weder Waschmaschinen noch Wasser und Seife dabei. Aber Farbe hatten sie mitgenommen. So malten sie in großen roten Spiegelschrift-Buchstaben „doof" auf die Bettwäsche und „gaga" und „Badscher". Auch ein ganz dummes Gesicht zeichneten sie auf eines der Laken. Darunter stand in Spiegelschrift „Frau Schmidt".

Doch damit nicht genug. Als die Grolle alles wieder hergerichtet und heil gemacht hatten, rüttelten einige von ihnen wie verrückt an den Rollos von Frau Schmidt, die im Erdgeschoss wohnt. Und sie jaulten und stöhnten dazu. Von dem schrecklichen Lärm wachte die Hauswirtin auf, verließ ihr Bett, zog die Rollos hoch und

öffnete die Fenster, um nachzuschauen, was da los ist. In diesem Moment ließen 69 Grolle ihre Augen blinken. Frau Schmidt war ganz verwirrt. Sie lief zur Tür und im Nachthemd hinaus in den Garten.

Inzwischen kletterten 17 Grolle durch das offene Fenster in die Wohnung von Frau Schmidt. Sie legten ihr etliche Backstaakäs unter das Bett, nahmen alle Bilder von den Wänden und stellten sie auf den Fußboden. Außerdem räumten sie die Löffel, Gabeln, Messer, die Koch- und Schöpflöffel, die Teller und Tassen aus den Schubladen und Schränken und verteilten das alles in der gesamten Wohnung. Am Schluss stellten sie eine mit Wasser gefüllte Schüssel direkt an die Wohnungstür.

Die Vermieterin irrte zunächst verstört im Nachthemd durch den Garten, zur Freude der Grolle, die dort warteten, wieder ihre Augen blinken ließen und komische Geräusche von sich gaben. Und immer, wenn die Frau Schmidt in die Richtung lief, aus der das Blinken und die Geräusche kamen, verzogen sich die Waldgeister rasch ins Gebüsch. Als sich die Vermieterin schließlich völlig erschöpft in einen Gartenstuhl setzte und ihre Schlappen vor sich hinstellte, schleppten die Grolle die Pantoffeln weg und versteckten sie. Inzwischen ließen andere Waldgeister schwungvoll und laut krachend die Rollos an den Wohnzimmerfenstern von Frau Schmidt herunter.

Das konnte sie sich natürlich überhaupt nicht erklären, stand auf, um hinzugehen und wollte ihre Schlappen anziehen. Was aber nicht ging, weil besagte Hausschuhe weg waren. Die Frau Schmidt schrie nur noch und stürmte in ihre Wohnung. Dabei stolperte sie über die Wasserschüssel, die die Grolle an die Tür gestellt hatten, und fiel so verdreht hin, dass sie mit dem Po im Wasser landete. Der Po war nass, das Nachthemd war nass, der Fußboden war nass. Dann entdeckte die Vermieterin das Chaos in ihrer Wohnung, die Besteck- und Geschirteile überall, die Bilder auf dem Boden, den stinkenden Backstaakäs unter ihrem Bett.

Die Frau schrie immer wieder: „Diese Kinder. Diese Kinder. Die krieg iich. Warded ner!" Sie dachte nämlich, Anna, Annika, Clara und Timo hätten ihr die Streiche gespielt. Sie konnte sich aber nicht vorstellen, wie, und das ärgerte sie total. Am nächsten Morgen klingelte sie schon ganz früh an der Wohnungstür der Familie. Und sie rief, dass sie jetzt die Polizei holen werde. Die Kinder gehörten eingesperrt ins Gefängnis, weil sie nachts in ihre Wohnung eingedrungen wären und darin gewütet hätten. „Des senn Einbrecher und üble Bangerdn", sagte die Frau Schmidt voller Zorn.

Aber die Mutter blieb ruhig. Sie versicherte der Vermieterin, dass Anna, Annika, Clara und Timo die ganze Nacht daheim gewesen wären, in ihren Betten gelegen und geschlafen hätten. Das wisse sie ganz sicher. „Obba den Schaden im Gardn, den ersetzen's mir!", schrie die Frau Schmidt. „Welchen Schaden?", fragte Annika. „Frag net so daab, du frechs Madla, du", erwiderte die Vermieterin. „Was soll des für a Schaden sein?", wandte auch Timo ein, der wie seine Schwestern ja wusste, dass nachts die Grolle wieder alles hergerichtet hatten.

„Edz gehmer alle mitnander nunder. Und dann kenna Sie scho amal Ihrn Geldbeutel zücken", fuhr Frau Schmidt die Mutter der Kinder an.

Das Schimpfen blieb der Vermieterin im Hals stecken, als alle hinunter in den Garten kamen. Die Frau verdrehte nur die Augen, wurde käsweiß, hüpfte hin und her, raufte sich die Haare und rief: „Diese Kinder, diese Bangerdn, diese frechen." Sie konnte es nicht fassen, dass nichts mehr kaputt war und rastete endgültig aus, als sie auf den Bettlaken „doof" und „gaga" und „Badscher" las, alles hübsch in Spiegelschrift geschrieben, und als sie das dumme Gesicht mit der Unterschrift „Frau Schmidt" sah. „Iich werd's eich gebm, ihr Hundsgribbl!" Aber letztlich konnte sie gar nichts machen. Die Gartengeräte, der Zaun und das Schloss waren wieder heil, und wer die schlimmen

Worte auf die Bettwäsche geschmiert hatte, ließ sich nicht klären.

Einige der Grolle saßen noch im Gebüsch am Gartenzaun und hielten sich die Bäuche vor Lachen. Und als sie heimgingen in ihren Wald, stimmten sie fröhlich ein Lied an. Welches wohl? Na klar:

Ein Groll, ein Groll,
der treibt es meistens toll...

Wenn ein Stofftier in der Schule einsagt

In den nächsten Wochen gingen die vier Kinder öfter in den Wald, um ihre Grolle-Freunde zu besuchen und mit ihnen zu spielen. Manchmal kamen die Grolle-Kinder auch – ganz vorsichtig – in das Städtchen. Selbstverständlich fragten sowohl die Menschen- als auch die Grolle-Kinder ihre Eltern zuvor, ob sie weggehen dürfen.

Eines Tages erzählten die kleinen Grolle ihren Menschen-Freunden von der Grolle-Schule und wie lustig es sei, zum Beispiel beim Rückwärtszählen und -rechnen. Und die Menschen-Kinder berichteten, dass es auch in ihrer Schule sehr schön sei. Nur vor dem nächsten Tag, da hatten Annika und Timo, die in die gleiche Klasse gingen, ein wenig Angst, weil sie eine Probearbeit in Heimat- und Sachkunde schreiben sollten. Und zwar zum Thema „Unser Wald". „O", sagten die Grolle-Kinder, „da wissmer doch alles. Nehmt uns einfach mit, dann kömmer eich einsagn."

Es bedurfte keiner großen Überredungskünste der kleinen Grolle, dass ihre Eltern den Ausflug in das Städtchen erlaubten. Und sie gestatteten Grollinchen, Grolletta und Grollimo sogar, bei den Menschen zu übernachten. Was sie dann auch taten.

Am nächsten Morgen ging es in die Schule. Annika und Timo nahmen die drei Grolle im Schulranzen mit ins Klassenzimmer. Sie sagten natürlich niemandem etwas. Die Gefahr war viel zu groß, dass andere Kinder die Grolle anfassten und festhielten. Dann teilte Lehrerin Rosa Knickbein die Probearbeits-Zettel aus. „Wie heißen die Früchte, die an den Eichen wachsen? Wie heißen die, die am Kastanienbaum wachsen? Und die, die an den Buchen wachsen?", wurde da beispielsweise gefragt. Oder: „Welcher der drei genannten Bäume hat Blätter und keine Nadeln? Tanne, Kiefer, Apfelbaum?" Oder: „Welche der genannten Tiere leben von Natur aus nicht im Wald? Rehe, Hunde, Hasen, Füchse, Katzen?"

Annika und Timo waren zum Teil ganz schön unsicher. Ach, war es da gut, dass die Grolle dabei waren. „Wie heißen die Früchte der Buchen?", fragte Timo ganz leise den Grollimo, der aus seiner Schultasche herausspitzte. „Bucheckern", flüsterte der zurück. Aber nicht leise genug. Frau Knickbein hörte es und rauschte heran. „Was ist hier los?", fragte sie. „Wer schwätzt hier?" „Ni-, ni-, ni-, niemand", stotterte Timo.

Dummerweise war inzwischen Grollimo aus der Schultasche geklettert, um – neugierig, wie er ist – zu sehen, was sich da tat. Da entdeckte ihn die Lehrerin. „Was hast du denn da, Timo?", rief sie. „Ach", antwortete der, „das ist nur mein Stofftier, mein Glücksbringer." „Das bewegt sich doch", meinte Frau Knickbein und langte hin, um den Groll zu ergreifen.

Doch Grollinchen und Grolletta hatten die Gefahr erkannt. Weil sie fürchteten, die Lehrerin könnte ihren Freund möglicherweise sogar festhalten, kniffen sie ihr, so arg sie konnten, in die Waden – ein, zwei, drei Mal. Frau Knickbein sprang auf. „Aua, aua, was is'n des?", schrie sie. Aber bevor sie sich umdrehen und die beiden Grolle-Mädchen entdecken konnte, waren diese unter der Schulbank verschwunden.

Als der Schmerz nachließ, wandte sich die Lehrerin wieder Timo zu: „So, wo hastn edz dein komisches Stofftier?" „Ach", antwortete Timo, „des hab iich widder in mein Schulranzn gesteckt." „Da bleibt's edz aber auch!", schimpfte die Lehrerin. „Hier wird net gespielt. Scho gar net während der Probearbeit."

„Und sag mal, hast du Knoblauch gegessen?", fragte sie dann noch, weil es an der Bank von Annika und Timo stark nach Knoblauch roch, den natürlich die Grolle gefuttert hatten. „Ja", sagte Timo. „Wir waren gestern beim Griechen und haben Gyros und Zaziki gegessen." „Aha. Edz mach dei Arbeit weiter, du kleiner Stinker", meinte die Lehrerin. Und das tat Timo auch. Annika ebenfalls. Unter kräftiger Mithilfe der Grolle hatten sie am Schluss alles richtig.

Zwei Tage später besuchten Annika und Timo zusammen mit Anna und Clara ihre Grolle-Freunde wieder droben im Wildbad-Wald. Und sie berichteten, dass sie in der Probearbeit beide eine Eins bekommen und null Fehler hatten. Da tanzten sie alle wieder um die alte Eiche und sangen. Na, was wohl?

„Ein Groll, ein Groll,
der treibt es meistens toll..."

Fröhliche Weihnachten oder: Backstaakäs am Christbaum

Bevor Anna, Annika, Clara und Timo wieder heimgingen, fragten die kleinen Grolle, ob die Menschen-Kinder auch ein Lied kennen, also ein Menschen-Lied. Diese überlegten und berieten kurz, dann sangen sie den Grolle-Kindern das Lied vom Tannenbaum vor. Es war ja bald Weihnachten:

O Tannenbaum, o Tannenbaum,
wie grün sind deine Blätter.
Du grünst nicht nur zur Sommerzeit,
nein, auch im Winter, wenn es schneit.
O Tannenbaum, o Tannenbaum,
wie grün sind deine Blätter.

Das gefiel den Grollen. „Das ist ja ein Lied über unseren Wald", sagte Grollinchen voller Freude. „Nein", erklärte Anna. „Da geht es um den Christbaum, der an Weihnachten in den Häusern der Menschen steht, auch in unserer Wohnung." Die Grolle-Kinder hörten gespannt zu, als Anna erzählte, dass dieser Baum geschmückt wird und auch Dinge zum Essen daran hängen. „Auch Backstaakäs und Knoblauch?", fragte Grollimo. „Backstaakäs am Weihnachtsbaum. Des wär ja total was Neues, aber es wäre auch eine lustige Idee", meinte Timo, und seine Geschwister lachten aus vollem Hals, als sie sich vorstellten, dass stinkender Käse am Christbaum hinge. Da schmiedete Timo einen Plan.

„Ihr könnt doch am Heiligen Abend zu uns nach Hause kommen", sagte er zu den Grollen. „Basst auf! Bevor miir in die Kirch gehn, mach'n miir des Klofenster aaf und lehna es an. Dann müssters ner aufdrückn, könnt durchkrabbln und ins Wohnzimmer gehn. Dord müsster euch obba fei gut versteck'n, dass die Eltern euch net sehn."

Grollinchen, Grolletta und Grollimo freuten sich natürlich über die Einladung. „Des machmer", jubelte Grollimo

Dann kam der Heilige Abend. Die Eltern von Grollinchen begleiteten die kleinen Grolle noch ins Städtchen bis zum Haus von Anna, Annika, Clara und Timo. Es war nämlich schon ziemlich dunkel am Spätnachmittag. Am Gartenzaun verabschiedeten sich Grollinchens Mama und Papa und wünschten ihren Kindern eine schöne Menschen-Weihnacht. Während die Eltern zurück in den Wald eilten, versteckten sich die kleinen Grolle noch im Garten, bis die Familie der vier Menschen-Freunde das Haus verließ. Dann kletterten die Waldgeister durch das Klo-Fenster in die Wohnung.

Sie rochen schon den guten Tannenduft, den sie vom Wald her kannten, aber auch Dinge,

die ihre Nasen weniger erfreuten, wie Lebkuchen, Zimtsterne oder Vanilleplätzchen. Bäh, pfui! Im Wohnzimmer stand der große, schöne Tannenbaum, bunt geschmückt und mit blinkenden Lichtern. Den kleinen Grollen gingen die Augen über beim Anblick all der Kugeln, Sterne und Glocken, die am Baum hingen. Nur die Plätzchen gefielen ihnen nicht. „Igitt, igitt", sagten sie. „Süße Plätzchen, wie scheußlich!" Dafür gefielen ihnen die blinkenden Lichterketten umso besser, die sie stark an das Leuchten und Blinken ihrer eigenen Augen erinnerten. Natürlich waren sie begeistert vom Baum selbst mit seinem dichten Geäst, der sich bestens zum Wettklettern eignete.

„Au ja, bevor die Menschen kommen, machmer noch a Wettklettern", schlug Grolletta vor. Ihre beiden Freunde waren begeistert. So flitzten sie wie der Blitz auf den Baum hinauf und vom Baum hinunter, immer wieder, 19, 20, 21 Mal oder noch öfter. „Rums", machte es. Und „kling" und „klirr". Beim Wettklettern fiel natürlich manche Kugel, mancher Stern, manche Glocke auf den Boden. Das eine oder andere Stück zerbrach. Aber die Grolle-Kinder dachten sich nichts dabei. Sie hatten so viel Spaß.

Bis plötzlich die Katze durch die Tür des Wohnzimmers hereinschlich, fürchterlich fauchte und die kleinen Grolle anschrie: „Was macht'n ihr da? Haut ab! Raus mit euch!" Dann rannte sie den Grollen hinterher, quer durch das gesamte Wohnzimmer. Zwei Stühle fielen um, die Vase auf dem Tisch kippte und zerbrach, die Geschenke unter dem Baum wirbelten durcheinander. Bei dem einen oder anderen Päckchen zerriss das Geschenkpapier. Und als die Katze schließlich wütend auf Grollimo zusprang und dieser blitzschnell zur Seite auswich, landete sie mit großer Wucht im Tannenbaum, so dass dieser ein Stück verrutschte und gehörig schief dastand. Die Katze hatte sich dabei wehgetan und blutete aus der Nase. Sie jaulte fürchterlich.

„Sollen wir dir helfen?", fragten die Grolle-Kinder, die jetzt mit der Katze Mitleid hatten. „Wer seid ihr überhaupt, ihr grässlichen Gestalten?", fragte das Tier zurück. Dann stellten sich die Grolle vor. „Ihr seid echte Grolle?", staunte die Katze, die Mimi hieß. „Ja, echte Grolle", antworteten die Waldgeister.

„Iich hab Angst", jammerte Mimi. „Du brauchst ka Angst zu ham. Miir tun der nix Böses", erklärte Grollinchen. „Aber ihr seid im Christbaum umeinandergeklettert", erwiderte die Katze. „Miir kraxeln halt so gern", sagten die Grolle.

Während sie sich unterhielten, fiel Grollinchen auf, welches Durcheinander sie im Wohnzimmer angerichtet hatten. Sie beschlossen, alles so gut wie möglich wieder aufzuräumen. Was leider nur sehr unzureichend gelang. Natürlich waren die Stühle, die umgefallen waren, viel zu groß und zu schwer, um sie wieder aufzustellen. Und der Christbaum ließ sich auch nicht mehr gerade richten. Er stand total schief da. Und ein großer Teil des Baumschmucks lag zerbrochen auf dem Boden. Selbst viele Plätzchen waren nur noch Brocken und Krümel.

Da hatten die Grolle-Kinder einen Einfall, den sie für sehr gut hielten. Timo hatte doch gesagt, Backstaakäs am Weihnachtsbaum wäre mal was Neues und eine lustige Idee. Also fragten sie die Mimi, wo die Familie den Backstaakäs aufhebt. Die Katze führte die Grolle in den Vorratsraum, wo nicht nur Backstaakäs lag, den sie auch gerne frisst, sondern auch jede Menge Knoblauch. Jedes von den Grolle-Kindern ging drei Mal in den Keller und trug so viel es tragen konnte von dem Käse und dem Knoblauch ins Wohnzimmer. Diese leckeren Sachen legten sie dann als Christbaumschmuck auf die Äste.

Danach kletterten sie auf den schief stehenden Baum und versteckten sich im dichten Geäst. „Komm halt aa nauf!", riefen sie der Katze zu, die es sich gerade auf einem der umgefallenen Stühle gemütlich gemacht hatte. „In Ordnung", sagte Mimi und sprang im hohen Bogen vom Stuhl aus auf die Christbaumspitze, so dass der Baum noch ein Stück zur Seite kippte.

Dumm war nur, dass in diesem Augenblick, als die Katze in den Baum hüpfte, die Eltern von Anna, Annika, Clara und Timo ins Zimmer traten. O weh, war das ein Geschrei, als sie das Chaos im Wohnzimmer und die Katze auf der Christbaumspitze sahen. Die kleinen Grolle hangelten sich sofort unauffällig und ganz, ganz schnell vom Baum herunter und versteckten sich hinter den Gardinen. Die Katze indes sprang voller Schrecken vom Tannenbaumwipfel hinunter und rannte wie angestochen quer durch das Wohnzimmer, warf noch ein paar Geschenkeschachteln unter dem Christbaum und einen Blumentopf auf dem Fensterbrett um und blieb dann völlig verstört sitzen.

Natürlich dachten die Eltern, dass es die Mimi war, die das ganze Durcheinander angerichtet hatte. „Ja, spinnst du edz a weng", rief die Mama der Menschen-Familie völlig entsetzt. „Naus aus'm Wohnzimmer mit dir", schrie der Vater. Anna, Annika, Clara und Timo standen betroffen in der Tür. Ihnen tat die Katze leid. Sie ahnten natürlich, dass das Chaos irgendwie mit ihren Grolle-Freunden zu tun haben könnte.

Und als die Eltern schließlich entdeckten, dass statt Glocken, Sternen, Kugeln und Plätzchen Backstaakäs und Knoblauch den Christbaum schmückten, und Mama und Papa schrien: „Die spinnt, die Katz, die hat ann Badscher, die

Katz", da wussten die Kinder: Hier waren die Grolle am Werk gewesen.

Jedenfalls war die Bescherung in der Familie dieses Mal sehr gestört. Schließlich musste erst einmal gründlich aufgeräumt werden. Und die Mama weinte und sagte: „So was hat die Mimi noch nie gmacht. Vielleicht is sie krank. Oder über irgendwas erschrocken."

Aber dann war es doch so weit. Der Papa machte die große Lampe aus, nur die Lichter an dem wieder gerade stehenden und neu geschmückten Christbaum blinkten. Alle sangen „O Tannenbaum, o Tannenbaum" und wünschten einander „Frohe Weihnachten".

Die Grolle saßen inzwischen wieder oben im engen Geäst des Weihnachtsbaums, und ihre Augen blinkten mit der Lichterkette um die Wette. Auch Mimi durfte wieder in das Wohnzimmer. Die Mama meinte: „So schön hat unser Christbaum noch nie geleuchtet." Und alle stimmten ihr zu.

Dann packten die Kinder ihre Geschenke aus: Timo ein ferngesteuertes Auto, Anna einen Kaufladen, Clara eine Puppenküche und Annika einen Kinder-Computer. Und jedes von den Kindern erhielt auch ein Buch mit dem Titel: „Gscheid was los im Wald der Grolle", das ihr Opa eigens für die vier gedichtet und geschrieben hatte.

Die Nacht verbrachten die kleinen Grolle noch in der Wohnung ihrer Freunde. Am nächsten Morgen gingen sie zurück zu ihren Familien in den Wildbad-Wald und erzählten beim Weihnachtsmahl, das natürlich aus besonders stinkigem Backstaakäs mit Zwiebel und Knoblauch bestand, wie lustig Weihnachten ist.

Dann stimmten sie zuerst „O Tannenbaum, o Tannenbaum" an und sangen schließlich noch ihr Lieblingslied, ja was wohl?

„Ein Groll, ein Groll,
der treibt es meistens toll..."

Manchen der großen und kleinen Grolle kam beim Singen und Essen schon ein Gähnen aus, und die Augenlider wurden ihnen sehr, sehr schwer. Der Winterschlaf kündigte sich an.

Auch Grollinchen, Grolletta und Grollimo waren nach all den Aufregungen in den vergangenen Wochen und Monaten schon total winterschlafmüde. Und noch bevor die Weihnachtsfeiertage ganz zu Ende waren und für alle Grolle der Winterschlaf richtig begann, kuschelten sich unsere Grolle-Kinder in ihre Betten, und die Augen fielen ihnen zu.

Na dann, schlaft mal gut, ihr kleinen Waldgeister! Und ihr großen auch!

wek-Verlag
Treuchtlingen–Berlin